ROSÁRIO EM FAMÍLIA

Helena Corazza, fsp

ROSÁRIO EM FAMÍLIA

Com Maria,
contemplando o rosto de Jesus

INCLUINDO OS "MISTÉRIOS DA LUZ"

Dados Internacionais de Catalogação na Publicação (CIP)
(Câmara Brasileira do Livro, SP, Brasil)

Corazza, Helena
    Rosário em família : com Maria, contemplando o rosto de Jesus / Helena Corazza. – 10. ed. – São Paulo : Paulinas, 2012.

    ISBN 978-85-356-3209-5

    1. Família – Vida religiosa 2. Maria, Virgem, Santa – Culto 3. Mistérios do Rosário 4. Rosário I. Título.

12-06117   CDD-242.74

Índice para catálogo sistemático:

1. Rosário em família : Orações a Maria : Cristianismo   242.74

Citações bíblicas:	*Bíblia Sagrada – tradução da CNBB, 2. ed., 2002.*
Direção geral:	*Flávia Reginatto*
Editora responsável:	*C. H. Weschenfelder*
Assistente de edição:	*Daniela M. Gonçalves*
Coordenação de revisão:	*Andréia Schweitzer*
Revisão:	*Denise Katchuian Dognini e Ana Cecília Marl*
Direção de arte:	*Irma Cipriani*
Gerente de produção:	*Felício Calegaro Neto*
Capa:	*Marta Cerqueira Leite*
Editoração eletrônica:	*Andrea Lourenço*

10ª edição – 2012
6ª reimpressão – 2023

Nenhuma parte desta obra poderá ser reproduzida ou transmitida por qualquer forma e/ou quaisquer meios (eletrônico ou mecânico, incluindo fotocópia e gravação) ou arquivada em qualquer sistema ou banco de dados sem permissão escrita da Editora. Direitos reservados.

Paulinas

Rua Dona Inácia Uchoa, 62
04110-020 – São Paulo – SP (Brasil)
Tel.: (11) 2125-3500
http://www.paulinas.com.br – editora@paulinas.com.br
Telemarketing e SAC: 0800-7010081

© Pia Sociedade Filhas de São Paulo – São Paulo, 2002

Apresentação

Oração é louvor, súplica, expressão de fé, sobretudo nos momentos em que as palavras se tornam insuficientes. Orar acalma o espírito, renova as forças e nos coloca a caminho do compromisso cristão. Assim também é a oração do rosário, prática que faz parte da tradição cristã, frequentemente recomendada pela Igreja.

O rosário é uma oração bíblica que conjuga a simplicidade da repetição de orações em contemplação aos mistérios da vida de Jesus e de Maria.

Para celebrar os 25 anos de seu pontificado, em 16 de outubro de 2002, o Papa João Paulo II publicou a carta apostólica *Rosarium Virginis Mariae* [O Rosário da Virgem Maria], afirmando que esta oração tem Cristo como centro e possui um grande significado para o Terceiro Milênio: "destinada a produzir frutos de santidade". Ele ainda declara que essa oração nos leva a um *caminho espiritual* e nos impulsiona, pelo Espírito, a "fazer-se ao largo" para "gritar" Cristo ao mundo como Senhor e Salvador, "caminho, verdade e vida" (cf. Jo 14,6a).

Nesta carta apostólica, o papa faz um acréscimo na contemplação dos mistérios do rosário, propondo os *Mistérios da luz,* que exaltam alguns aspectos da vida pública de Jesus, verdadeira *luz do mundo.*

A recitação do rosário reúne grupos e famílias, e também é uma oração individual, que acompanha a pessoa onde ela está. A contemplação dos seus mistérios nos impele a "fixar os olhos em Cristo" e também nos faz o apelo de sermos "construtores(as) da paz no mundo". Que a contemplação dos mistérios ilumine os caminhos da sua vida e de toda a comunidade.

A autora

Rosário:
oração bíblica e cristológica

Uma das objeções que se faz ao rosário é que ele se constitui apenas em uma oração de devoção, na qual as pessoas repetem sempre a mesma coisa. Importa lembrar que toda a contemplação dos mistérios do rosário está fundamentada na Palavra de Deus.

Na carta apostólica *O Rosário da Virgem Maria*, João Paulo II explica: "O Rosário, ainda que caracterizado pela sua fisionomia mariana, no seu âmago é oração cristológica",[1] ou seja, tem Cristo como centro. E ele fala que a presença de Maria na oração é um ato de louvor a Deus, pela encarnação redentora, louvor este que a Mãe de Jesus expressa pelo *Magnificat*.

---

[1] JOÃO PAULO II. Carta apostólica *Rosarium Virginis Mariae*. n. 1. São Paulo, Paulinas, 2002.

Por meio do rosário, o povo cristão "frequenta a escola de Maria para deixar-se introduzir na contemplação da beleza do rosto de Cristo e na experiência da profundidade do seu amor", diz o Papa.

A referência bíblica e a centralidade da pessoa de Jesus, na oração do rosário, formam um apelo a que se faça uma pausa para a meditação e a contemplação dos mistérios enunciados. É recomendado que eles sejam lidos na Bíblia para que cada fato fique mais bem elucidado.

Em cada passagem dos mistérios, é importante a observação do que acontece com os personagens, a visualização do cenário e, sobretudo, o entendimento do que Deus tem a falar, incentivando em todos a *escuta* da Palavra.

Origem do rosário

O rosário é uma devoção muito antiga e sua história é muito extensa. Construído ao longo do tempo, baseia-se na oração dos Salmos, origem da oração da Igreja.

A palavra *rosarium*, do latim medieval, quer dizer "jardim de rosas". A rosa tinha um simbolismo muito grande por sua beleza e pelo valor curativo a ela atribuído. Muitos poemas se referiam a Maria como um jardim de rosas. Daí surge o rosário, que vem de rosa, flor que ocupa o primeiro lugar entre todas, assim como Maria é a primeira entre as criaturas.

Nas suas origens, o rosário chamava-se "saltério de Nossa Senhora e de Jesus Cristo". Reunia 150 rosas em homenagem a Maria, representando os Salmos, que na Bíblia são em número de 150.

Os leigos convertidos ao catolicismo, que não sabiam ler, tinham dificuldade em participar da recitaçao dos 150 salmos e do breviário, então começaram a rezar 150 pais-nossos, que depois foram substituídos por 150 ave-marias. E para contar tal quantidade de orações, essas pessoas carregavam numa bolsa 150 pedrinhas ou pedacinhos de madeira, ou ainda faziam nozinhos em cordões, como uma coroa de rosas oferecida a Nossa Senhora. Com o passar do tempo, um monge agrupou as ave-marias em dezenas, intercaladas por um pai-nosso.

Em 1571, na batalha de Lepanto, num movimento levantado para a descristianização da Europa, o Papa Pio V percebeu claramente a proteção de Nossa Senhora. Essa vitória foi atribuída a Maria, no dia 7 de outubro, data em que, mais tarde, passou a ser celebrada a festa de Nossa Senhora do Rosário.

Diferença entre terço e rosário

Por nove séculos, a Igreja rezou o rosário dividido em três terços, contemplando os mistérios gozosos, dolorosos e gloriosos. Com a modificação feita por João Paulo II, em 2002, acrescentou-se outra série de mistérios ao rosário, ou seja mais cinquenta ave-marias.

Hoje, o rosário é composto de quatro "terços", com os mistérios assim distribuídos:

- *gozosos*: mistérios da alegria, contemplados às segundas-feiras e sábados;
- *luminosos*: mistérios da luz, contemplados às quintas-feiras;
- *dolorosos*: mistérios da dor, contemplados às terças e sextas-feiras;
- *gloriosos*: mistérios da glória, contemplados às quartas-feiras e domingos.

Cada terço compreende cinco mistérios, com cinco pai-nossos, cinquenta ave-marias e cinco glórias-ao-pai.

Como rezar o terço

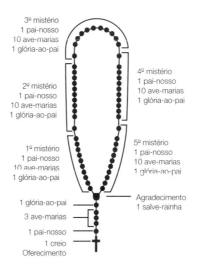

Todo terço tem uma cruz e, ao rezá-lo, fazemos o sinal da cruz em nome da Santíssima Trindade: o Pai, o Filho e o Espírito Santo. A cruz é o sinal que distingue o cristão, é o sinal da redenção e da ressurreição.

A cruz identifica igrejas e lugares sagrados. Muitas pessoas carregam uma cruz até como enfeite. Hoje há cruzes de todos os tipos e para todos os gostos. No rosário, cada terço começa com a cruz. Uma cruz que acompanha a vida e dá sentido a ela.

Na linha vertical, a cruz une o céu à terra, a criatura ao Criador. Nossos pés estão no chão da vida, plantados na realidade humana, mas nosso coração e nossa mente estão ligados ao Senhor da vida, a toda realidade espiritual.

Na linha horizontal, a cruz nos une aos irmãos, quando estendemos as mãos aos que caminham conosco; traz também uma realidade de comunicação que resume o mandamento do amor. Para amarmos a Deus temos de amar também os nossos irmãos.

O sinal da cruz lembra que as dimensões vertical e horizontal da vida fazem parte da mesma realidade. O compromisso com Deus – linha vertical – passa pelo compromisso com os irmãos – linha horizontal.

O mistério da cruz acompanha o ser humano ao longo do dia, e diariamente as pequenas cruzes se fazem presentes: algumas vêm de nós mesmos, outras, dos irmãos. O que importa é acolher a cruz e carregá-la com Jesus, pois só assim ele transformará a nossa dor em amor e a cruz, em luz.

- Começamos a oração do terço com o *sinal da cruz*, invocando a Santíssima Trindade: Pai, Filho e Espírito Santo.
- A seguir, fazemos o *oferecimento do terço*, compartilhando as nossas intenções.
- Logo após, rezamos o *creio*, que é a nossa profissão de fé como cristãos.
- Antes de iniciar os mistérios, temos *cinco continhas*: um pai-nosso, três ave-marias e um glória-ao-pai, exaltando a Santíssima Trindade que habita em nós porque somos filhos e filhas de Deus.
- Em seguida, começamos a *contemplação dos mistérios* e a oração: ao se contemplar um mistério, reza-se um pai-nosso, dez ave- -marias e um glória-ao-pai (veja a contemplação dos mistérios, pp. 21-52).
- Ao *final de cada mistério*, após a oração do glória-ao-pai, reza-se uma invocação seguindo as intenções pelas quais estamos rezando.

- Ao *final do terço*, reza-se uma salve-rainha e um pai-nosso nas intenções do Papa.

A criatividade e a devoção a Maria geraram outras formas de rezar o terço, por exemplo, repetindo versículos bíblicos referentes ao mistério contemplado ou entoando algum canto a Maria.

É sempre bom sermos criativos nos louvores a Maria e a Jesus. O que não se pode esquecer é que o terço e o rosário são orações bíblicas e que, ao rezarmos, estamos em comunhão com o mistério da vida, morte e ressurreição de Jesus, com Maria e com a Igreja. O terço está tão presente na vida cristã que se torna importante cultivá-lo nas famílias e nas comunidades.

Elementos essenciais do rosário

O primeiro elemento a se destacar é a *contemplação*. O rosário não é uma simples repetição de orações, mas, segundo o Papa Pio XII, é "o resumo de todo o Evangelho". Há uma sequência de acontecimentos salvíficos de redenção que se tornam eficazes instrumentos de conversão. Cada mistério está na Bíblia e essa Palavra precisa ser *escutada* e meditada com o coração.

O segundo elemento essencial é o *pai-nosso*, a oração fundamental dos filhos e filhas, ensinada por Jesus. A escuta da Palavra faz com que o nosso espírito se eleve ao Pai, glorificando-o e pedindo a ele o pão de cada dia.

Um terceiro elemento é a *repetição de ave-marias*, em sequência, como se fosse uma ladainha. A ave-maria é composta de duas partes: a primeira é a saudação do anjo a Maria; a segunda, uma súplica da Igreja, que pede a Maria: rogai por nós pecadores, agora e na hora de nossa morte.

A *glorificação da Santíssima Trindade* é o quarto elemento do terço. Um louvor solene a Deus Pai, Filho e Espírito Santo na oração do glória-ao-pai, que conclui cada dezena de ave- -marias.

O apóstolo Paulo, na Segunda Carta aos Coríntios, apresenta a seguinte invocação: "A graça do Senhor Jesus Cristo, o amor de Deus e a comunhão do Espírito Santo estejam com todos vós" (2Cor 13,13). Esta saudação de Paulo, feita no início das celebrações eucarísticas, é uma profunda forma de adoração ao Deus dos cristãos: uno e trino.

Mistérios do rosário

- Gozosos (da alegria)
- Luminosos (da luz)
- Dolorosos (da dor)
- Gloriosos (da glória)

Mistérios gozosos (da alegria)

(Segundas-feiras e sábados)

Os mistérios gozosos caracterizam-se pela alegria que o acontecimento da encarnação irradia. Eles falam da infância de Jesus ao lado de sua mãe, Maria. Jesus, sem deixar de ser Deus, assume a natureza humana no corpo de Maria; torna-se gente. Ele se faz igual a todos nós, menos no pecado, como disse São Paulo. A encarnação cria uma nova ligação entre Deus e os seres humanos e, por intermédio de Maria, estamos em comunhão, em comunicação com Deus.

Primeiro mistério: anúncio do anjo a Maria (cf. Lc 1,26-38)

Traga à sua mente a cena da anunciação. Imagine Maria em sua casa, ocupada com os afazeres domésticos ou rezando. Ela recebe a visita do mensageiro, o arcanjo Gabriel, que vem saudá-la em Nazaré. Ele vem em nome de Deus e, entrando na casa, diz a Maria: "Alegra-te, cheia de graça!..." (Lc 1,28b). Imagine o que Maria sentiu naquele momento! Preocupada, Maria se perguntava o que aquela saudação queria dizer. E o anjo lhe disse: "Não tenhas medo, Maria! Encontraste graça junto a Deus. Conceberás e darás à luz um filho, e lhe porás o nome de Jesus" (Lc 1,30-31).

E Maria entra em diálogo com o anjo: "Como acontecerá isso, se eu não conheço homem?" (Lc 1,34b). E o anjo a tranquiliza: "O Espírito Santo descerá sobre ti, e o poder do Altíssimo te cobrirá com a sua sombra... Para Deus nada é impossível" (Lc 1,35-37). Diante dessa palavra, que sente ser de Deus, Maria, acostumada a viver segundo o seu projeto, diz: "Eis aqui a serva do Senhor! Faça-se em mim segundo a tua palavra" (Lc 1,38). E o anjo a deixou.

Contemplando este mistério, percebemos como Jesus entrou na vida humana. O Pai envia o Filho para poder comunicar-se com as pessoas. O mistério da encarnação de Jesus é o grande mistério da revelação, da comunicação de Deus com a humanidade.

Segundo mistério: visita de Maria a Isabel
(cf. Lc 1,39-56)

Quando Maria recebeu do anjo o anúncio de que seria a mãe de Jesus, ficou sabendo também que sua prima Isabel já estava no sexto mês de gravidez, ela que era considerada estéril e já estava em idade avançada.

O Evangelho de Lucas conta que, naqueles dias, Maria partiu para a região montanhosa, dirigindo-se às pressas a uma cidade da Judeia. Podemos imaginar a viagem de Maria, caminhando em direção à casa de sua prima Isabel, grávida de João Batista, o precursor de Jesus!

Quando Maria entrou na casa de Zacarias e saudou Isabel, esta sentiu a criança mexer no seu ventre e, cheia do Espírito Santo, disse a Maria:

> Bendita és tu entre as mulheres e bendito é o fruto do teu ventre! Como mereço que a mãe do meu Senhor venha me visitar? Logo que a tua saudação ressoou nos meus ouvidos, o menino pulou de alegria no meu ventre (Lc 1,42-44).

Vemos em Maria uma mulher comunicadora, que apresentou Jesus ao mundo antes mesmo de tê-lo em seus braços. Assim como ela, podemos abrir nosso coração, tornando-nos comunicadores do bem.

Terceiro mistério: nascimento de Jesus (cf. Lc 2,1-20)

Esse mistério da vida de Jesus, José e Maria é muito comovente. Todos os anos celebramos, no Natal, a chegada dessa criança que não teve sequer uma casa para nascer!

O nascimento de Jesus está nos Evangelhos, os quais nos relatam que, nessa época, o imperador Augusto decretara a realização do censo, pois o povo judeu estava sob o domínio de Roma. Todos deveriam ir para sua cidade de origem; assim muitos viajaram longos dias. Maria e José foram recensear-se em Belém e, enquanto lá estavam, chegou a hora de a criança nascer.

Não encontrando lugar para pernoitar, acomodaram-se num estábulo, uma estrebaria de animais. Fazia frio. E ali Jesus, o Filho de Deus, nasceu.

Deus mandou um sinal a um grupo de pastores, que guardavam seus rebanhos de ovelhas. Um anjo apareceu a eles e a glória do Senhor os envolveu com sua luz, causando-lhes medo. Mas logo o anjo disse: "Não tenhais medo! Eu vos anuncio uma grande alegria, que será também a de todo o povo: hoje, na cidade de Davi, nasceu para vós o Salvador, que é o Cristo, o Senhor!" (Lc 2,10-11). E o anjo deu um sinal: vocês encontrarão um recém-nascido, envolto em faixas e deitado numa manjedoura. E muitos anjos se uniram cantando: Glória a Deus nas alturas e paz na terra às pessoas que Deus ama!

O primeiro grupo a reconhecer Jesus foi o dos pastores, que, saindo às pressas, encontraram Maria, José e o recém-nascido e ficaram maravilhados!

Segundo o Padre Tiago Alberione, Maria foi a mais humilde das criaturas. Na sua simplicidade, ela ofereceu ao mundo Jesus Cristo.

Quarto mistério: apresentação de Jesus no Templo (cf. Lc 2,21-40)

Neste mistério, é importante lembrar que José e Maria cumpriam todas as leis como as pessoas comuns. No oitavo dia, circuncidaram Jesus, conforme prescrevia a lei judaica.

A Lei ainda pedia que, ao se completarem quarenta dias do nascimento, o filho primogênito deveria ser apresentado a Deus no templo de Jerusalém. Todo varão era considerado propriedade do Senhor e devia ser resgatado. Como José e Maria eram pobres, fizeram a oferta de um par de pombos.

O Evangelho nos conta também que estava em Jerusalém um homem chamado Simeão, a quem o Espírito havia revelado que não morreria sem ver o Messias do Senhor. E indo ao Templo quando José e Maria lá estavam para apresentar Jesus, ele o tomou nos braços e disse:

> Agora, Senhor, segundo a tua promessa, deixas teu servo ir em paz, porque meus olhos viram a tua salvação, que preparaste diante de todos os

povos: luz para iluminar as nações e glória de Israel, teu povo (Lc 2,29-32).

E disse a Maria:

Este menino será causa de queda e de reerguimento para muitos em Israel. Ele será um sinal de contradição – e a ti, uma espada traspassará tua alma! – e assim serão revelados os pensamentos de muitos corações (Lc 2,34-35).

Depois de cumprirem o que a lei do Senhor prescrevia, Maria e José voltaram para Nazaré, sua cidade. O menino crescia e ficava forte, cheio de sabedoria; e a graça de Deus estava com ele.

Refletindo sobre o episódio da apresentação de Jesus no Templo e ouvindo as palavras proféticas de Simeão a Maria, podemos imaginar a dor no coração de Maria. Jesus é colocado como sinal de contradição e, apesar de ter ouvido estas palavras – "uma espada traspassará tua alma" –, Maria confiou em Deus e não se deixou abalar.

Quinto mistério: Jesus no Templo entre os doutores (cf. Lc 2,41-52)

Todos os anos, os pais de Jesus iam a Jerusalém para a festa da Páscoa. Quando Jesus completou 12 anos, foi ao Templo com os pais, como de costume. E os pais o perderam de vista, no meio da multidão. Aflitos, o procuraram, encontrando-o no Templo entre os doutores da Lei, conversando com eles.

Todos os que ouviam o menino estavam maravilhados com a inteligência de suas respostas. Ao verem Jesus, os pais ficaram emocionados e sua mãe lhe disse: "Filho, por que agiste assim conosco? Olha, teu pai e eu estávamos, angustiados, à tua procura!" (Lc 2,48b). E Jesus respondeu a Maria: "Por que me procuráveis? Não sabíeis que eu devo estar naquilo que é de meu Pai?" (Lc 2,49). Mas José e Maria não entenderam o que o menino queria dizer.

Logo depois, voltaram para Nazaré e Jesus permaneceu obediente a eles. Maria, porém, conservava todas essas coisas em seu coração. E Jesus crescia em sabedoria, em estatura e graça diante de Deus e das pessoas.

José e Maria viviam à luz da fé, esperando a hora que Deus a revelasse com maior clareza. Este mistério da vida de Jesus e de Maria nos lembra o quarto mandamento da lei de Deus: honrar pai e mãe. Jesus, sendo Deus, soube conviver com seus pais e ser obediente.

Esse fato nos remete também às famílias e nos faz pensar como é bom que os pais despertem e acompanhem o ensino e a vivência da fé dos filhos. A oração em família prepara a vida do cristão comprometido com as coisas de Deus em sua missão neste mundo.

Mistérios luminosos (da luz)

(Quintas-feiras)

"Passando da infância e da vida de Nazaré à vida pública de Jesus, a contemplação leva-nos aos mistérios que se podem chamar, por especial título, 'os mistérios da luz'."[1] Esses mistérios nos convidam a contemplar os anos da vida pública de Jesus, quando ele anuncia o Evangelho do Reino de Deus. "Cada um desses mistérios é *revelação do Reino divino já personificado no mesmo Jesus.*"[2]

Primeiro mistério: o Batismo de Jesus no Jordão (cf. Mt 3,13-17)

O Batismo de Jesus é um mistério da luz. Cristo desce à água do rio Jordão e, como inocente, se faz pecador por nós (cf. 2Cor 5,21).

---

[1] JOÃO PAULO II. Carta apostólica *Rosarium Virginis Mariae*, n. 21. São Paulo, Paulinas, 2002.

[2] Idem.

Este é um momento de muita luz. Ao procurar João para ser batizado, Jesus quer cumprir toda a justiça; e a descrição do Evangelho é cheia de luz, que pode ser contemplada e sentida: ao sair da água, o céu se abriu e Jesus viu o Espírito de Deus descendo e pousando sobre ele, e a voz do Pai se fez ouvir nas palavras: "Este é o meu Filho amado; nele está meu pleno agrado" (Mt 3,17).

Na vida cristã, o Batismo nos introduz na vida da comunidade. A pessoa é acolhida para fazer parte dela e recebe o selo do Espírito. Este se faz presente tal como no Batismo de Jesus e nos confia a missão de sermos luz do mundo, como ele.

Segundo mistério: autorrevelação de Jesus em Caná (cf. Jo 2,1-12)

Jesus se autorrevela ao transformar a água em vinho, abrindo o coração dos discípulos à fé, graças à intervenção de Maria, a primeira entre os que acreditaram.

Maria, pronta a ajudar, evitando o constrangimento do casal, representa a comunidade que nasce da fé em Jesus e, como mãe, faz sua advertência para hoje: "Fazei tudo o que ele vos disser!" (Jo 2,5).

Este é um mistério da luz, no início da vida pública de Jesus. Ele é a alegria e a festa da humanidade, simbolizada no casamento, em Caná.

A alegria da vida e da festa, na comunidade, precisa da companhia de Jesus e de Maria.

Terceiro mistério: o anúncio do Reino de Deus (cf. Mc 1,14-15)

Mistério da luz é também a pregação com a qual Jesus anuncia o advento do Reino de Deus e convida à conversão. Ele perdoa os pecados de quem está arrependido(a) e quer mudar de vida confiando nele (cf. Mc 2,3-12). Jesus cura o paralítico no corpo e no espírito. Para ele não importam os julgamentos e as críticas de quem quer que seja. Se há abertura de coração e desejo de conversão, ele age. "Para que saibais que o Filho do Homem tem na terra poder para perdoar pecados, eu te digo: levanta-te, pega a tua maca e vai para casa" (Mc 2,10-11).

O anúncio do Reino de Deus é convite à conversão e acolhida. Jesus acolhe a mulher surpreendida em adultério e a redime em sua dignidade e em seu pecado, diante dela e daqueles que a estavam julgando. Ele coloca o amor como medida da conversão: ela demonstrou muito amor! Jesus diz à mulher: "Tua fé te salvou. Vai em paz" (Lc 7,47-50).

Jesus acolhe a todas as pessoas que o procuram com humildade, marcando assim o início do ministério de misericórdia, que ele prosseguirá exercendo até o fim do mundo, especialmente por meio do sacramento da reconciliação confiado à sua Igreja (cf. Jo 20,22-23).

Quarto mistério: a transfiguração de Jesus (cf. Lc 9,28-36)

A transfiguração é, por excelência, mistério da luz. Segundo a tradição, ela se deu no monte Tabor. A glória da divindade reluziu no rosto de Cristo, enquanto o Pai convidava os apóstolos extasiados para que escutassem o seu Filho (cf. Lc 9,35) e se dispusessem a segui-lo nos vários momentos – da paixão até a morte – para chegar com ele à ressurreição e, assim, receber a plenitude do Espírito Santo no dia de Pentecostes.

A cena da transfiguração de Jesus, narrada no Evangelho de Lucas, é de uma beleza indescritível e merece ser contemplada. Jesus convida os discípulos mais próximos a subirem à montanha para rezar com ele. Enquanto reza, seu rosto muda de aparência e sua roupa fica muito branca e brilhante. A luz invade a cena e uma nuvem os encobre com sua sombra. E a voz do Pai se faz ouvir: "Este é o meu Filho, o Eleito. Escutai-o" (Lc 9,35). Os discípulos ficam extasiados e não contam a ninguém.

As profundas experiências de luz, em nossa vida, clareiam e dão forma ao caminho do dia, muitas vezes carregado de dores, que em Jesus serão transfiguradas pelo Espírito do próprio Deus.

Quinto mistério: a instituição da Eucaristia (cf. Jo 13,1-20)

A instituição da Eucaristia, na qual Cristo se faz alimento com o seu corpo e o seu sangue, sob a forma de pão e de vinho, testemunha "até o extremo" o seu amor pela humanidade, por cuja salvação se oferecerá em sacrifício.

Grande mistério da luz é dar a vida por amor.

> Antes da festa da Páscoa, sabendo Jesus que tinha chegado a sua hora, *hora* de passar deste mundo para o Pai, tendo amado os seus que estavam no mundo, amou-os até o fim (Jo 13,1).

A instituição da Eucaristia é a prova máxima desse amor, expressão de quem é capaz de dar o máximo de si: a própria vida. Jesus veio e cumpriu sua missão para que todos tenham vida, e vida em abundância.

A Eucaristia, gesto supremo de amor, é a presença sacramental do mistério pascal. Adoramos Jesus na Eucaristia, em nossas igrejas e comunidades. A adoração eucarística também nos leva a ser pão partido para os nossos irmãos. É aqui que o gesto de Jesus se torna concreto no dia a dia: quando somos capazes de dar nossa vida para que outros possam renascer e ter mais vida.

Mistérios dolorosos (da dor)

(Terças e sextas-feiras)

Os mistérios dolorosos contemplam o caminho da cruz de Cristo, que se ofereceu para redimir a humanidade, como uma grande revelação de amor. Ao contemplar os mistérios da dor, importa lembrar que Jesus percorreu o caminho da cruz como um grande gesto de doação: "Eu vim para que tenham vida, e a tenham em abundância" (Jo 10,10b).

Primeiro mistério: agonia de Jesus no Horto das Oliveiras (cf. Lc 22,39-53)

Logo depois de celebrar a ceia com os discípulos, em que dá seu corpo em alimento e seu sangue em bebida, sabendo que havia chegado sua hora, Jesus vai, durante a noite, com os apóstolos para o monte das Oliveiras. Lá chegando, diz aos discípulos: "Orai para não cairdes em tentação" (Lc 22,40). Afastou--se alguns metros dali e rezou com insistência:

"Pai, se quiseres, afasta de mim este cálice; contudo, não seja feita a minha vontade, mas a tua!" (Lc 22,42). Jesus começou a sentir grande agonia; seu suor tornou-se em gotas de sangue que caíam no chão, e um anjo apareceu para confortá-lo.

Depois chegou Judas com todos os soldados do imperador para prendê-lo. E o sinal combinado foi este: "Jesus é aquele que eu beijar. Prendei-o e levai-o com cautela" (Mc 14,44). E Judas o beijou. E Jesus foi levado preso como um malfeitor.

Este primeiro mistério doloroso nos faz pensar nos momentos de agonia no Getsêmani, de sofrimento pelos quais todos nós passamos. Podem ser situações de injustiça, incompreensão, crítica, calúnia, desemprego e tantas outras. Sentimo-nos presos e condenados.

Nessas ocasiões, bebemos o cálice com Jesus! Unir-nos a ele nesse momento é tornar o nosso sofrimento redentor. Só a força de Deus nos torna capazes de lhe entregar os sofrimentos e a dor, que, unidos aos de Jesus, nos transformam. Maria também soube viver e sofrer com ele e nos mostrou que o sofrimento é redentor.

Segundo mistério: flagelação de Jesus
(cf. Lc 23,14-18)

Jesus foi preso, maltratado como um bandido e levado ao tribunal para ser julgado. Primeiro, ao tribunal religioso, dos sacerdotes e doutores da Lei; depois, ao tribunal político, de Pilatos, que mandou flagelá-lo.

Jesus falou pouco, fez silêncio. Diante da pergunta, no tribunal religioso: "Tu és o Filho de Deus?", ele confirmou: "Vós mesmos que estais dizendo que eu sou" (Lc 22,70). No tribunal político o questionaram: "Tu és o Rei dos Judeus?", e ele respondeu: "Tu o dizes!" (Lc 23,3). Depois desse interrogatório, Pilatos disse: "Não encontro neste homem nenhum crime" (Lc 23,4). Mesmo assim, mandou flagelá-lo para satisfazer o poder romano.

Reflitamos um pouco nesta cena em que Jesus é amarrado a uma coluna e flagelado. Esse mistério nos reporta ao profeta Isaías, que falou do Messias "ferido" por Deus e abandonado:

> Era o mais desprezado e abandonado de todos, homem do sofrimento, experimentado na dor, indivíduo de quem a gente desvia o olhar, repelente, dele nem tomamos conhecimento [...]. Mas ele

jamais cometeu injustiça, mentira nunca esteve em sua boca (Is 53,3.9b).

Ninguém gosta do sofrimento pelo sofrimento, porém faz parte da nossa condição humana. O nosso sofrimento só tem sentido se unido ao sofrimento redentor de Jesus.

Contemplar o mistério da flagelação de Jesus é assumir com ele a dor dos nossos irmãos injustiçados, famintos, desempregados, sem condições de sobrevivência.

Que Maria esteja conosco nesse caminho!

Terceiro mistério: Jesus é coroado de espinhos (cf. Jo 19,2-3)

Quando alguém era condenado à morte, naquela época, tornava-se objeto de gozação dos algozes. Jesus tinha-se declarado rei. Então os soldados o cobriram com um manto vermelho, sujo, e nas suas mãos colocaram um caniço simbolizando o cetro de um rei. Trançaram e encravaram em sua cabeça uma coroa de espinhos e, fazendo reverência, caçoavam dele dizendo: "Salve, rei dos judeus" (cf. Mc 15,16-20).

O sofrimento físico já é penoso por si só, e o ser humano que sofre em seu corpo sente-se diminuído. Mas o sofrimento mais difícil de ser suportado é aquele que atinge a dignidade e a honra: zombarias, desprezo e humilhações, que diminuem a pessoa aos olhos dos outros. Durante a sua paixão, Jesus suportou esse sofrimento e passou pelo extremo das humilhações.

Poderíamos perguntar-nos: como Jesus é coroado de espinhos em nossos dias? Ele continua sofrendo no corpo de tantos seres humanos que são ridicularizados, humilhados, menosprezados, tanto nas famílias quanto no trabalho. Pois tudo o que fizermos ao menor dos nossos irmãos é a ele que o fazemos.

Maria estava presente na paixão de Jesus e permaneceu ao seu lado até o fim.

Quarto mistério: Jesus carrega a cruz ao Calvário (cf. Mt 27,31)

Jesus era inocente, mas foi condenado à morte. Pilatos lavou suas mãos para não se sentir culpado: entregou Jesus para ser crucificado e soltou Barrabás, que havia sido preso por homicídio.

A oração da via-sacra lembra muito bem o quanto foi penoso para Jesus o caminho do Calvário. O caminho da cruz era um espetáculo para os curiosos da época. Todos acompanhavam os condenados para ver se conseguiriam ou não percorrer o caminho.

Muitos quadros de artistas famosos retratam a cena do encontro de Maria e Jesus no caminho do Calvário. No meio de uma dor tão cruel, o encontro de ternura se dá nos olhares de Jesus e de Maria.

Lucas relata que obrigaram um certo Simão, da cidade de Cirene, que passava por ali voltando do campo, a ajudar Jesus a carregar a cruz. Algumas mulheres também o seguiam, batiam no peito e choravam por Jesus. Foram gestos de solidariedade na hora da dor.

Atitudes de compreensão e de escuta na hora do sofrimento marcam a vida das pessoas. No momento da dor, a melhor coisa é estar ao lado de quem sofre, em silêncio ou rezando.

Uma história interessante ilustra a importância de carregarmos nossa cruz. Conta-se que certa pessoa se queixava com Deus que sua cruz era muito pesada. E foi cortando, cortando, até que a achou de bom tamanho. Em certo momento da vida, ela precisou atravessar um precipício, e viu que cada um fazia da cruz a sua ponte para a travessia. Com a cruz cortada, já não alcançava o outro lado e não pôde atravessar.

Uma cruz carregada com amor, do tamanho que for, transforma-se em ponte para outros saltos qualitativos na vida e na formação de Cristo em nós.

Quinto mistério: crucificação de Jesus (cf. Jo 19,23-27)

A paixão e morte de Jesus é o maior mistério celebrado na Sexta-feira Santa. Ela carrega o símbolo da penitência, da oferta de um gesto, de alguma privação, sacrifício ou jejum.

Jesus carregou a cruz até o Calvário, sendo despido de suas vestes:

> Ali crucificaram Jesus e os malfeitores: um à sua direita e outro à sua esquerda. Jesus dizia: "Pai, perdoa-lhes! Eles não sabem o que fazem!" (Lc 23,33b-34).

Depois, repartiram sua roupa, fazendo sorteio. O povo permanecia ali, olhando; os chefes, zombando. Diante dessa cena, podemos imaginar a dor de Jesus e de Maria, sua mãe, vendo e ouvindo o que falavam de seu Filho, condenado injustamente. Naquele tempo, a crucificação era o maior castigo dado aos bandidos. Jesus, o homem justo, sofreu um processo injusto, para que se cumprissem as Escrituras. O seu sangue lavou as nossas chagas, por ele fomos curados.

> Junto à cruz de Jesus estavam de pé sua mãe e a irmã de sua mãe, Maria de Cléofas, e Maria Madalena. Jesus, ao ver sua mãe e, ao lado dela, o discípulo que ele amava, disse à mãe: "Mulher, eis o teu filho!". Depois disse ao discípulo: "Eis a tua mãe!". A partir daquela hora, o discípulo a acolheu no que era seu (Jo 19,25-27).

Hoje, continuamos vivendo em nossa carne a paixão e morte de Jesus. Ele continua sofrendo nos irmãos acometidos de todo tipo de dor, sobretudo daquela que fere a dignidade humana, como a falta de condições de vida: trabalho, alimentação, educação. E todos nós somos convidados(as) a ser como Maria, em sua atitude de fortaleza e dignidade diante do sofrimento.

Mistérios gloriosos (da glória)

(Quartas-feiras e domingos)

Os mistérios gloriosos contemplam as glórias de Jesus e de Maria. Cristo ressuscitou! Contemplando-o, o cristão descobre novamente as razões da própria fé. Jesus passou pela dor humana da morte, foi sepultado, mas não permaneceu na morte. Ressuscitou! E o apóstolo Paulo diz que, se Cristo não tivesse ressuscitado, nossa fé seria vã e a nossa pregação, inútil (cf. 1Cor 15,14).

Primeiro mistério: Jesus ressuscita e vence a morte (cf. Mt 28,1-8)

Os Evangelhos descrevem a ressurreição de Jesus de muitas maneiras e com muitos matizes: as mulheres que vão ao túmulo e não encontram Jesus, os soldados que tentam dissimular a notícia da ressurreição, a aparição de Jesus aos discípulos, o anjo que diz: "Ele ressuscitou dos mortos e vai à vossa frente para a Galileia" (Mt 28,7b).

Depois de ressuscitado, Jesus apareceu à sua mãe, Maria, que ficou plena de alegria ao ver que o Pai ressuscitara seu Filho. Maria, as mulheres e os discípulos se tornaram testemunhas da ressurreição.

Ressurreição é sinal de alegria, de libertação. A experiência da ressurreição está presente na vida humana: com a morte de Jesus, os discípulos fogem, mas, quando ele lhes aparece, sentem novas forças ao ouvirem as palavras: "A paz esteja com vocês, não tenham medo" (cf. Jo 20,19-21). Paz e coragem são sinais de que Jesus ressuscitado habita em nós e caminha com o seu povo.

Toda a doutrina cristã, conforme mostra o livro dos Atos dos Apóstolos, é anúncio da ressurreição de Jesus. O conteúdo central das cartas do apóstolo Paulo é o Cristo ressuscitado, escândalo para muitos. Em nossa profissão de fé – o creio –, dizemos: creio que ele ressuscitou dos mortos.

Que possamos viver essa alegria da ressurreição e acreditar sempre que a vida vence todo tipo de morte!

Segundo mistério: ascensão de Jesus ao céu (cf. Lc 24,50-53)

Depois de sua ressurreição, Jesus apareceu muitas vezes aos discípulos para confirmá-los na fé, abrindo suas mentes e reafirmando o que as Escrituras diziam:

> O Cristo sofrerá e ressuscitará dos mortos ao terceiro dia, e no seu nome será anunciada a conversão, para o perdão dos pecados, a todas as nações, começando por Jerusalém. Vós sois as testemunhas destas coisas (Lc 24,46-48).

Os discípulos são testemunhas de tudo o que aconteceu com Jesus. Ele os levou para fora da cidade, até Betânia, e ali ergueu as mãos e os abençoou; e, durante a benção, foi afastando-se deles e levado ao céu. Eles o adoraram e depois voltaram para Jerusalém com grande alegria.

A contemplação do mistério da ascensão de Jesus confirma os discípulos na fé: "Vocês serão minhas testemunhas". Quem segue Jesus, aprende os seus ensinamentos, ouve sua mensagem e recebe o seu mandato não pode ficar de braços cruzados, olhando para o céu.

Jesus transmitiu sua missão à Igreja, por meio dos apóstolos, dizendo: "Vocês são testemunhas! Vocês precisam anunciar com a vida, com a palavra e dar a vida pelo Reino de Deus, que é um Reino de justiça, de paz e de amor" (cf. Lc 24,48 e ss).

O sinal da presença de Jesus é a alegria, e o texto bíblico fala da alegria dos discípulos. Maria também viveu com os discípulos esse momento, e acompanhou e sustentou a fé da primeira comunidade cristã.

Terceiro mistério: vinda do Espírito Santo (cf. At 2,1-15)

Neste mistério, contemplamos a vinda do Espírito Santo sobre os apóstolos, reunidos no cenáculo com Maria, a Mãe de Jesus. A festa de Pentecostes é celebrada cinquenta dias depois da ressurreição de Jesus.

Jesus prometeu, muitas vezes, o Espírito Santo aos apóstolos, e antes de subir ao céu disse: "Eu enviarei sobre vós o que meu Pai prometeu. Por isso, permanecei na cidade até que sejais revestidos da força do alto" (Lc 24,49).

Quando chegou o dia de Pentecostes, os discípulos estavam todos reunidos no mesmo lugar. De repente, veio do céu um ruído como de um vento forte, que encheu toda a casa em que se encontravam. Então apareceram línguas como de fogo que se repartiram e pousaram sobre cada um deles (At 2,1-3).

O simbolismo do vento e do fogo da ação divina na vida dos apóstolos foi grande. Depois dessa experiência, todos ficaram transformados. O medo deu lugar à coragem e eles receberam os dons do Espírito Santo.

Segundo a narrativa do livro dos Atos dos Apóstolos, a primeira comunidade cristã foi se formando em espírito de comunhão: "Todos eles perseveravam na oração em comum, junto com algumas mulheres – entre elas, Maria, mãe de Jesus – e com os irmãos dele" (At 1,14).

O projeto Ser Igreja no Novo Milênio também volta às origens da primeira comunidade cristã e contempla os discípulos que se reuniam em pequenas comunidades e refletiam a Palavra, o ensinamento dos apóstolos e a fração do pão. Comunicar e testemunhar a Palavra de Deus é um compromisso, que vem de Pentecostes, para ser vivido em comunidade.

Quarto mistério: assunção de Maria ao céu (cf. Ap 12,1)

O mistério da assunção de Maria ao céu nos leva a meditar sobre o final de uma vida feliz, porque totalmente vivida para Deus e para o próximo. Se os Evangelhos nada dizem sobre a morte de Maria, vejamos o que a constituição dogmática *Lumen gentium* [Luz dos povos], do Concílio Vaticano II, diz a respeito da assunção de Maria:

> A Virgem Imaculada, preservada imune a toda mancha do pecado original, foi assumida ao céu com alma e corpo, depois de terminada sua vida na terra.[1]

No livro do Apocalipse, lemos:

> Apareceu no céu um grande sinal: uma mulher vestida com o sol, tendo a lua debaixo dos pés e, sobre a cabeça, uma coroa de doze estrelas (Ap 12,1).

Somos pessoas criadas à imagem e semelhança de Deus; por isso, da mesma forma

---

[1] Constituição dogmática *Lumen gentium* (n. 59). In: *Vaticano II*: mensagens, discursos e documentos. São Paulo, Paulinas, 1998.

que cuidamos de nosso corpo e de nossa sobrevivência, assim devemos fazer com a nossa vida no espírito. Cultivemos nossa vida espiritual com a oração, a leitura e o acompanhamento de programas de espiritualidade, praticando também atos concretos de solidariedade.

Muitos ridicularizam as pessoas que têm fé, talvez por pensarem que não precisam de Deus. Nós precisamos continuamente de água – assim como reza o salmista: "De ti tem sede a minha alma, anela por ti minha carne, como terra deserta, seca, sem água" (Sl 63/62,2b).

Quinto mistério: Maria é glorificada no céu (cf. Jt 13,18-20)

Este mistério glorifica a Santíssima Trindade, porque pousou seus olhos em Maria, a fez imaculada, Filha do Pai, Mãe do Filho, Esposa do Espírito Santo!

Muitos textos bíblicos são aplicados a Maria para dizer o quanto ela é predileta de Deus e representa toda a nova criação. Desde a sua concepção, todo o percurso de sua vida na terra foi um hino de louvor e de glória ao Deus Pai, Filho e Espírito Santo; por isso, ela também recebeu a coroa da glória de forma toda especial.

No livro de Judite, lemos:

> Tu és bendita, ó filha, pelo Deus altíssimo, mais que todas as mulheres da terra. Bendito é o Senhor, nosso Deus, que criou o céu e a terra, e te conduziu para ferires na cabeça o chefe dos nossos inimigos (Jt 13,18).

A glorificação de Maria e também os títulos que lhe são dados de Rainha constituem o reconhecimento da grandeza do próprio Deus em suas criaturas.

O Papa Pio XII instituiu a festa de Nossa Senhora Rainha, no dia 22 de agosto de 1950 – oito dias depois da festa da Assunção. Essa proximidade da festa da Assunção com a de Nossa Senhora Rainha quer mostrar a estreita união entre a assunção e a glorificação de Maria.

Maria, em nenhum momento, ocupa o lugar de seu Filho Jesus. A doutrina cristã ensina que Maria é caminho para Jesus. Em sua vida, ela não fez outra coisa senão dar Jesus às pessoas: a Isabel, aos pastores e aos reis magos, no nascimento; apresentou Jesus no Templo e foi discípula dele durante sua vida.

Invocando Maria, glorificamos a Santíssima Trindade, que fez maravilhas nela e quis servir-se dela para comunicar-se com a humanidade. Falar com Maria é falar com seu Filho Jesus. Que a presença de Maria seja cada dia mais forte em nossa vida.

Importância da oração em família

Na carta apostólica *O Rosário da Virgem Maria*, o Papa João Paulo II afirma que "o Rosário foi desde sempre também *oração da família e pela família*". Ele diz também que os pais devem rezar o rosário pensando no crescimento dos filhos, hoje tão contagiados pelos meios de comunicação, numa sociedade globalizada e de tecnologia avançada: "Rezar pelos filhos e com os filhos", educando-os desde pequenos na prática dessa oração.

De fato, a família encontra na oração do rosário o alimento necessário para reavivar sua fé, esperança e para crescer no amor. As famílias que rezam juntas têm Deus mais presente, sentem sua presença mais próxima, cultivando entre si o amor, a compreensão e a fé. O Papa Paulo VI dizia que "quando um encontro familiar se transforma em tempo de oração, o rosário será sua expressão frequente e preferida".

Muitas pessoas hoje já não rezam juntas nem uma ave-maria; outras perderam o costume. Que pena! O momento de oração em família é muito importante, ainda que seja a leitura de um texto bíblico ou a oração de uma dezena do terço. Pela manhã, ou à noite, não há momento ideal; o que importa é cultivar o espírito de oração, pois Jesus disse: "Onde dois ou três estiverem reunidos em meu nome, eu estou ali, no meio deles" (Mt 18,20).

A oração traz viva a presença de Jesus e de Maria. Por esta razão, em outubro de 1982, o Papa João Paulo II disse, numa audiência, aos recém-casados que para eles seria necessária e espiritualmente útil a proteção maternal de Maria. Exortou-os a que mantivessem a prática da devoção a Maria na família que acabavam de fundar. Dessa forma, dariam uma tonalidade mariana ao seu casamento.

Os Papas falam do rosário

João Paulo II afirma: "O rosário é minha oração predileta. É uma oração maravilhosa em sua simplicidade e profundidade". Diz ainda: "Retomai confiadamente nas mãos o terço do Rosário, fazendo a sua descoberta à luz da Escritura, de harmonia com a liturgia, no contexto da vida cotidiana". E ainda: "O Rosário é a oração do homem em favor do homem. Ele orienta para receber os frutos da redenção. É uma oração entranhada no coração dos católicos e muito amada por mim".

Para **Paulo VI,** o rosário deve ser considerado uma das mais excelentes e eficazes orações comuns que a família cristã está convidada a rezar. É importante cultivar essa oração não só individualmente, mas em família. É preciso ter coragem de parar um momento para rezar juntos!

O grande Papa **João XXIII**, que convocou o Concílio Vaticano II, testemunhou:

"O rosário de Maria, que nenhum dia do ano deixamos de rezar, é a fórmula mais adequada para rezar e meditar". E **Pio XI** completou: "O rosário eleva os espíritos para as verdades reveladas por Deus e nos mostra o céu aberto".

Já **Pio XII** exaltava que o rosário une a todos, vivos e falecidos: "O Rosário rezado em comum reúne pais e filhos, une-os piedosamente aos ausentes, aos falecidos, leva-os ao redor da Virgem Maria que, como Mãe, está presente no meio dos seus filhos".

São **Pio X** recomendou a oração do rosário em família: "De todas as orações o Rosário é a mais bela, a mais rica em graças e a que mais agrada à Virgem Maria. Amem o rosário e rezem-no todos os dias com devoção".

Leão XIII, o Papa que escreveu muitas cartas referentes à questão social, dizia que o rosário "é a síntese da veneração a Maria. Convidamos calorosamente os cristãos a recorrerem sem cansar ao piedoso exercício do Rosário, tanto em público quanto em particular".

Orações diversas

Consagração da família a Maria, Rainha dos apóstolos

Vinde, ó Maria, entrai e habitai nesta casa que vos oferecemos e consagramos. Sois bem-vinda! Nós vos recebemos com a alegria de filhos. Somos indignos, mas vós sois tão boa que quereis morar com os vossos filhos mais humildes. Nós vos acolhemos com o afeto com que João vos levou para casa, depois da morte de Jesus. Dispensai a cada um de nós as graças espirituais que nos são necessárias.

Dai-nos as graças materiais, como obtivestes o vinho para os esposos de Caná. Afastai para longe o pecado. Sede luz, alegria, santificação desta casa como o foste na família de Nazaré. Sede aqui, Mãe, Mestra e Rainha. Aumentai em nós a fé, a esperança e a caridade. Infundi em nós o espírito de oração. Jesus, Caminho, Verdade e Vida habite sempre nesta casa.

Suscitai vocações entre os nossos entes queridos. Que os membros desta família se encontrem um dia todos reunidos no céu. Amém.

(Bv. Tiago Alberione)

Oferecimento do terço

Divino Jesus, nós vos oferecemos este rosário que vamos rezar, contemplando os mistérios de nossa redenção. Concedei-nos, pela intercessão de Maria, vossa Mãe santíssima, a quem nos dirigimos, as virtudes que nos são necessárias para rezá-lo bem e as graças que nos vêm dessa santa devoção.

Oração de agradecimento após a reza do terço

Graças vos damos, soberana Rainha, pelos benefícios que todos os dias recebemos de vossas mãos. Dignai-vos, agora e para sempre, tomar-nos debaixo de vosso poderoso amparo, e para mais vos obrigar, saudamo-vos com uma salve-rainha:

Salve-rainha

Salve, Rainha, Mãe de misericórdia, vida, doçura e esperança nossa, salve! A vós bradamos, os degredados filhos de Eva. A vós suspiramos, gemendo e chorando neste vale de lágrimas. Eia, pois, advogada nossa, esses vossos olhos misericordiosos a nós volvei, e depois deste desterro mostrai-nos Jesus bendito fruto do vosso ventre, ó clemente, ó piedosa, ó doce sempre Virgem Maria.

Ave-maria

Ave, Maria, cheia de graça, o Senhor é convosco; bendita sois vós entre as mulheres, e bendito é o fruto do vosso ventre, Jesus. Santa Maria, Mãe de Deus, rogai por nós, pecadores, agora e na hora da nossa morte. Amém.

Profissão de fé (Creio)

Creio em Deus Pai todo-poderoso, criador do céu e da terra; e em Jesus Cristo, seu único Filho, nosso Senhor, que foi concebido pelo poder do Espírito Santo; nasceu da Virgem Maria, padeceu sob Pôncio Pilatos, foi crucificado, morto e sepultado; desceu à mansão dos mortos; ressuscitou ao terceiro dia; subiu aos céus, está sentado à direita de Deus

Pai todo-poderoso, donde há de vir a julgar os vivos e os mortos; creio no Espírito Santo, na santa Igreja Católica, na comunhão dos santos, na remissão dos pecados, na ressurreição da carne, na vida eterna. Amém.

Pai-nosso

Pai-nosso que estais no céu, santificado seja o vosso nome; venha a nós o vosso reino, seja feita a vossa vontade, assim na terra como no céu. O pão nosso de cada dia nos dai hoje; perdoai-nos as nossas ofensas assim como nós perdoamos a quem nos tem ofendido, e não nos deixeis cair em tentação, mas livrai-nos do mal. Amém.

Louvor a Santíssima Trindade

Glória ao Pai, ao Filho e ao Espírito Santo; como era no princípio, agora e sempre. Amém.

Ladainha de Nossa Senhora

Senhor, *tende piedade de nós.*
Jesus Cristo, *tende piedade de nós.*
Senhor, *tende piedade de nós.*
Jesus Cristo, *tende piedade de nós.*
Jesus Cristo, *ouvi-nos.*
Jesus Cristo, *atendei-nos.*
Deus Pai dos céus,
tende piedade de nós.
Deus Filho, Redentor do mundo,
tende piedade de nós.
Deus Espírito Santo,
tende piedade de nós.
Santíssima Trindade, que sois um só Deus,
tende piedade de nós.
Santa Maria, *rogai por nós*
Santa Mãe de Deus, ”
Santa Virgem das Virgens, ”
Mãe de Jesus Cristo, ”
Mãe da divina graça, ”
Mãe puríssima, ”
Mãe castíssima ”
Mãe imaculada, ”
Mãe intacta, ”
Mãe amável, ”
Mãe admirável, ”
Mãe do bom conselho, ”
Mãe do Criador, ”

Mãe do Salvador,	*rogai por nós*
Mãe da Igreja,	”
Virgem prudentíssima	”
Virgem venerável,	”
Virgem louvável,	”
Virgem poderosa,	”
Virgem benigna,	”
Virgem fiel,	”
Espelho de justiça,	”
Sede de sabedoria,	”
Causa da nossa alegria,	”
Vaso espiritual,	”
Vaso honorífico,	”
Vaso insigne de devoção,	”
Rosa mística,	”
Torre de Davi,	”
Torre de marfim,	”
Casa de ouro,	”
Arca da aliança,	”
Porta do céu,	”
Estrela da manhã,	”
Saúde dos enfermos,	”
Refúgio dos pecadores,	”
Consoladora dos aflitos,	”
Auxílio dos cristãos,	”
Rainha dos Anjos,	”
Rainha dos Patriarcas,	”
Rainha dos Profetas,	”
Rainha dos Apóstolos,	”
Rainha dos Mártires,	”

Rainha dos Confessores, *rogai por nós*
Rainha das Virgens, "
Rainha de todos os santos, "
Rainha concebida sem pecado original, "
Rainha assunta ao céu, "
Rainha do santo rosário, "
Rainha da paz. "

Cordeiro de Deus
que tirais o pecado do mundo,
perdoai-nos, Senhor.
Cordeiro de Deus
que tirais o pecado do mundo,
ouvi-nos, Senhor.
Cordeiro de Deus
que tirais o pecado do mundo,
tende piedade de nós.

Rogai por nós, Santa Mãe de Deus,
para que sejamos dignos
das promessas de Cristo.

Oremos

Ó Deus, que pela Imaculada Conceição da Virgem preparastes ao vosso filho uma digna mansão, nós vos rogamos que a tendo preservado de toda a mácula, na previsão da morte do vosso mesmo Filho, nos concedais pela sua intercessão chegarmos até vós também purificados de todo o pecado. Pelo mesmo Jesus Cristo, nosso Senhor. Amém.

Sumário

Apresentação 5
Rosário: oração bíblica e cristológica 7
Origem do rosário 9
Diferença entre terço e rosário 11
Como rezar o terço 13
Elementos essenciais do rosário 17
Mistérios do rosário 19
    Mistérios gozosos (da alegria) 21
    Mistérios luminosos (da luz) 30
    Mistérios dolorosos (da dor) 36
    Mistérios gloriosos (da glória) 44
Importância da oração em família 53
Os papas falam do rosário 55
Orações diversas 57
Ladainha de Nossa Senhora 61